지은이 **김미주**

책으로 생각을 열고, 글쓰기로 마음을 여는 수업을 합니다.
그림책을 읽고, 토론하며 생각을 키우고, 쓰기로 표현하는 힘을 기르는 수업을 꾸준히 연구해 온 초등학교 교사입니다.
저학년 아이들과 함께하며, 아이들이 쓰기를 두려워하지 않고 놀이처럼 즐기길 바라는 마음으로 이 책을 만들었습니다.
'좋아서 하는 어린이책 연구회' 운영진으로 활동하며 《그림책 수업 대백과 261》과 《동화 수업 대백과 295》를 공동 집필 했고,
어린이책 수업 모임 '아그재기'를 이끌며 전국의 교사들과 독서·쓰기 수업의 노하우를 나누고 있습니다.
@miz.cool

그린이 **김정진**

경기대학교와 같은 학교 대학원에서 서양화를 공부했고, 다수의 개인전과 단체전에 참여했습니다.
국가유산 수리 기능자(단청)이며 세계 문화유산에 등재된 종묘의 단청 보수 작업에도 참여했습니다.
세상의 아름답고 재미있는 이야기에 그림을 그리는 일을 즐겁게 하고 있습니다. 《악어 급식》《학교 가기 전날》
《거미 가족》《아기 공룡과 달달 열매》〈과학이 톡톡 쌓이다! 사이다〉 시리즈 등 많은 책에 그림을 그렸습니다.

지식이 쏙쏙! 어휘력과 쓰기 힘을 길러 주는

똑똑한 수수께끼 또박또박 따라 쓰기

김미주 글 | 김정진 그림

그린북

학교 현장에서 아이들을 가르치다 보면 말은 술술 잘하는데도 쓰기를 어려워하는 아이들을 자주 만납니다. 어떤 아이는 받아쓰기 시간에 한 문장도 못 쓰고 엉엉 울기도 하고, 어떤 아이는 교과서에 단 한 글자도 못 쓰다가 선생님이 답을 보여 줘야 비로소 써 내려갑니다. 문장을 쓸 때마다 "이거 맞아요?"라고 물으며 맞춤법을 계속 확인하는 아이도 있지요. 저학년 시기는 한글, 어휘, 문장 쓰기 능력이 크게 성장하는 중요한 시기입니다. 이 시기에 쓰기에 대한 자신감을 잃는다면, 이후 다른 교과 학습에도 영향을 줄 수밖에 없습니다.

《똑똑한 수수께끼 또박또박 따라 쓰기》는 아이가 쓰기에 대한 두려움을 줄이고 즐겁게 쓰기를 배울 수 있도록 만든 책입니다. 재미와 학습 요소를 고루 담아 기초 문식성을 자연스럽게 기를 수 있도록 구성했습니다. 2022 개정 통합 교과에서 필수 어휘 20개와 저학년 국어 교과서에서 자주 헷갈리는 어휘 20개를 선정해 수수께끼와 따라 쓰기에 담았습니다. 수수께끼를 통해 어휘를 흥미롭게 익히고, 또박또박 따라 쓰기를 통해 쓰기 실력을 차근차근 키워 갈 수 있습니다.

지루한 따라 쓰기는 그만! 놀이하듯 재미있게 익히는 어휘와 쓰기!

단순 반복이나 외우기식 따라 쓰기는 아이들의 학습 흥미를 떨어뜨릴 수 있습니다. 이 책은 놀이처럼 즐겁게 학습하면서도 자연스럽게 쓰기 자신감을 기를 수 있도록 다양한 활동을 담았습니다. 수수께끼로 생각하는 힘을 기르고, 만화와 퀴즈, 따라 쓰기, 나만의 문장 만들기 등 단계별 활동을 통해 아이가 자기 주도적으로 배워 나갈 수 있도록 설계하였습니다.

아이 스스로 읽고, 생각하고, 쓰며 기초 문식성을 길러요!

- step1 수수께끼로 재미있게 어휘력 기르기
- step2 상상이 가득한 만화로 공부 부담 줄이기
- step3 퀴즈로 자연스럽게 맞춤법과 띄어쓰기 익히기
- step4 핵심 어휘를 활용한 문장 또박또박 따라 쓰기
- step5 나만의 문장 만들며 쓰기 확장하기

수수께끼로 어휘를 익히고, 만화로 상상력을 키우고, 퀴즈와 따라 쓰기로 바른 맞춤법과 띄어쓰기를 연습하게 됩니다. 마지막에는 새로 배운 어휘를 활용해 자신만의 문장을 만들어 보며 어휘력과 쓰기 실력을 확장할 수 있습니다. 한 스텝, 한 스텝, 활동을 따라가다 보면 어느새 쓰기에 대한 두려움이 사라지고 자신만의 생각을 자신 있게 표현할 수 있게 됩니다.

이 책이 아이들에게 쓰기의 기초를 다져 주는 든든한 친구가 되길 바랍니다. 《똑똑한 수수께끼 또박또박 따라 쓰기》와 함께 아이가 스스로 쓰기의 즐거움을 발견하며 한 걸음씩 성장하는 모습을 지켜보고, 응원해 주세요.

김미주

이 책의 구성과 특징

• 수수께끼 ① ~ ⑳ "나는 누굴까?"

그림으로 보는 정답

큰 글자와 설명으로 보는 정답

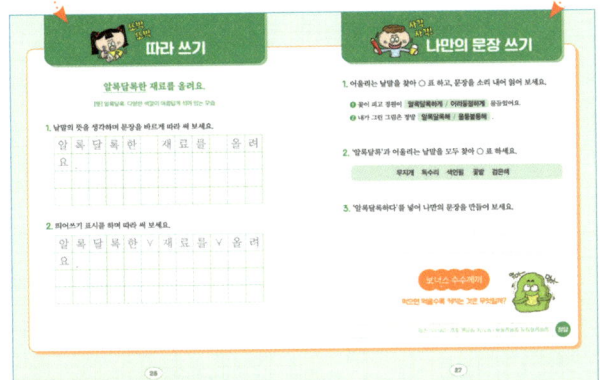

만화 에피소드

맞춤법·띄어쓰기 퀴즈

어휘의 뜻을 생각하며 문장 따라 쓰기

나만의 문장 만들기 연습

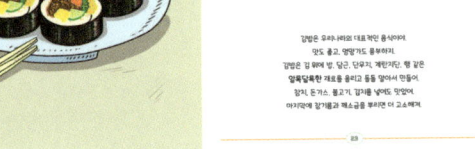

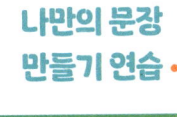

✽ 똑 부러지는 수수께끼 ✽

어린이들이 좋아하는 수수께끼로 시작합니다. 단순히 말놀이로 끝나는 수수께끼가 아니라, 문제 속에 재치 있는 비유와 함께 정보와 지식을 담았습니다. 글자를 못 읽는 아이는 그림만 보아도, 시각적 문해력과 상상력을 발휘해 맞힐 수 있게 했습니다.

✽ 정답은? 아하! ✽

무려 3가지의 정답이 담겨 있습니다. 도감처럼 자세한 그림, 한글 자모의 형태를 크게 눈으로 익히는 글자 정답, 쉽고 유익한 설명 정답! 낱말에서 개념으로 자연스럽게 넘어가도록 구성했습니다.

* 재미와 감동이 있는 만화 *

수수께끼 문제와 정답 설명에서 만난 낱말과 지식이 4컷 만화로 펼쳐집니다. 매 편마다 색다른 웃음과 감동, 교훈이 담겨 있어 만화 에피소드만 따로 모아서 보아도 교육적인 효과가 있습니다.

* 맞춤법과 띄어쓰기 연습 *

수수께끼와 정답, 만화 장면에서 반복적으로 만나 보았던 문장과 낱말로 맞춤법과 띄어쓰기를 연습해 봅니다. 바른 맞춤법과 띄어쓰기를 찾고, 기초적인 언어 감각을 키우는 데 중점을 두었습니다.

* 또박또박 따라 쓰기 *

수수께끼 질문과 정답 풀이에서 뽑은 한 줄 문장을 따라 쓰고, 문장에 활용된 초등 필수 어휘의 뜻을 익힙니다. 두 번 이상 따라 쓰도록 되어 있어, 손 글씨 교정에도 도움이 되도록 했습니다.

* 나만의 문장 만들기 *

띄어쓰기, 골라 쓰기, 따라 쓰기 등 단계별로 구성된 쓰기 훈련은 나만의 문장 쓰기로 이어집니다. 글쓰기를 통한 능숙한 자기표현은 국어 활동의 궁극적인 목표입니다. 학교 공부로 진입하는 저학년 아이들이 일상에서 배운 낱말과 개념을 자신만의 말과 글로 표현하는 연습은 꼭 필요합니다.

* 보너스 수수께끼 *

학습에 지친 아이들이 즐겁게 활동을 마무리할 수 있도록 보너스 수수께끼를 마지막에 두었습니다. 기발하고 유머러스한 '진짜' 수수께끼도 풀고, 공부에 대한 스트레스도 확 풀어 보세요!

**자, 수수께끼 따라 쓰기 세상 속으로
떠날 준비 됐나요?**

차례

머리말 … 4
이 책의 구성과 특징 … 6

반짝반짝 발견해요

01 나는 세상을 달콤하게 만들어 … 12
배움 낱말: 달콤하다

02 나는 하얗고 부드러운 속살 위에 검정 이불을 덮고 있어 … 20
배움 낱말: 알록달록

03 나는 하늘을 날아다니는 작은 헬리콥터야 … 28
배움 낱말: 반짝이다

04 나는 매콤새콤한 맛, 아삭아삭 씹히는 맛이 일품이야 … 36
배움 낱말: 아삭아삭

05 나는 붉은색과 푸른색 마음을 가졌어 … 44
배움 낱말: 붉다

폴짝폴짝 움직여요

06 네가 웃을 때도, 울 때도 나는 늘 옆에 있어 … 54
배움 낱말: 뜨다

07 비가 주룩주룩 내리는 날, 나는 활짝 피어나 … 62
배움 낱말: 주룩주룩

08 내가 빙글빙글 돌면, 넌 토끼처럼 깡충깡충 뛰어 … 70
배움 낱말: 깡충깡충

09 길에 누워 있지만, 자고 있진 않아 … 78
배움 낱말: 밟다

10 나는 추운 겨울이 되면 짠! 하고 나타나 … 86
배움 낱말: 쌩쌩

사이좋게 나눠요

11 나는 등에 산을 지고 다녀 … **96**
배움 낱말: 튼튼하다

12 나는 바람 따라 신나게 춤을 추는 댄서야 … **104**
배움 낱말: 지키다

13 내 눈은 하나지만, 세상 구석구석을 다 볼 수 있어 … **112**
배움 낱말: 행복하다

14 나는 빨간 용을 길들이는 마법사야 … **120**
배움 낱말: 도와주다

15 어른들은 잠깐 쉬고, 아이들은 마음껏 뛰어놀 수 있는 작은 왕국이야 … **128**
배움 낱말: 가득하다

신나게 만들어요

16 나는 지하 세상을 탐험하는 모험가야 … **138**
배움 낱말: 짓다

17 내 안에는 비밀이 가득 담긴 상자들이 숨어 있어 … **146**
배움 낱말: 읽다

18 나는 강에 사는 무시무시한 사냥꾼이야 … **154**
배움 낱말: 날카롭다

19 나는 뾰족한 이빨로 뭉툭한 것을 사각사각 갉아 먹는 것을 좋아해 … **162**
배움 낱말: 깎다

20 나는 발이 세 개지만, 걷지는 않아 … **170**
배움 낱말: 짧다

01

반짝반짝 발견해요

배움 낱말

달콤하다 · 알록달록 · 반짝이다

아삭아삭 · 붉다

01 수수께끼

꿀벌은 작고 귀여운 곤충인데, 우리에게 정말 중요한 친구야.

꿀벌은 꿀을 찾으며 예쁜 꽃들 사이를 이리저리 날아다녀.

이때, 꿀벌은 꽃가루를 다른 꽃으로 옮겨 주는데,

꿀벌이 옮긴 꽃가루는 꽃이 열매를 맺는 데 도움을 줘.

꿀벌 덕분에 우리가 꿀도 얻고,

사과나 딸기 같은 맛있는 과일도 먹을 수 있는 거야.

꿀벌의 생일 파티

맞춤법 · 띄어쓰기

 맞춤법 연습하기

1. 문장의 틀린 부분을 바르게 고쳐 보세요.

꿀벌은 달꼼한 꿀을 좋아해요.

⇨ _____

> 헷갈릴 때는 앞에 나온 수수께끼 질문과 정답 페이지를 살펴보세요. 힌트가 있어요!

 맞춤법 퀴즈

2. 다음 중 맞춤법이 올바른 문장을 골라 보세요.

① 작은 침이 있지만, 아무 데나 함부로 쏘지는 않아.
② 작은 침이 있지만, 아무 데나 함부로 쏘지는 안하.
③ 작은 침이 있지만, 아무 데나 함부로 쏘지는 앉아.

 띄어쓰기 퀴즈

3. 다음 중 띄어쓰기가 바르게 된 문장을 골라 보세요.

① 꿀벌은 작은침을 가지고 있어.
② 꿀벌은 작은 침을 가지고 있어.

정답 달콤한 / ① / ②

또박또박 따라 쓰기

달콤한 과일을 먹다.

[뜻] 달콤하다: 사탕, 초콜릿처럼 달달하고 맛있다.

1. 낱말의 뜻을 생각하며 문장을 바르게 따라 써 보세요.

달	콤	한		과	일	을		먹	다	.	

2. 띄어쓰기 표시를 하며 따라 써 보세요.

달	콤	한	∨	과	일	을	∨	먹	다	.	

3. 문장을 작게 따라 써 보세요.

4. 문장을 더 작게 따라 써 보세요.

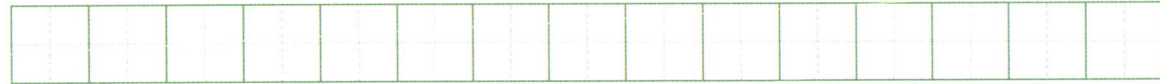

나만의 문장 쓰기

1. 어울리는 낱말을 찾아 ○ 표 하고, 문장을 소리 내어 읽어 보세요.

① 바나나가 부드럽고 달콤하다 / 매콤하다 .

② 음료수에서 달콤한 / 새콤한 초콜릿 향이 났다.

2. '달콤하다'와 어울리는 낱말을 모두 찾아 ○ 표 하세요.

사탕   헬리콥터   소금   초콜릿   청소기

3. '달콤하다'를 넣어 나만의 문장을 만들어 보세요.

_____

_____

보너스 수수께끼

돈이 가장 많은 벌은?

정답 1. 달콤하다, 2. 달콤한 / 사탕, 초콜릿 / (벌이) 재벌

02 수수께끼

나는 하얗고 부드러운 속살 위에 검정 이불을 덮고 있어.
알록달록한 친구들이랑 잘 어울리고,
길쭉한데 자르면 동글동글해져!
돌돌돌 말아 한입에 쏙 넣으면 꿀맛이야.

나는 누굴까?

정답

김밥은 우리나라의 대표적인 음식이야.
맛도 좋고, 영양가도 풍부하지.
김밥은 김 위에 밥, 당근, 단무지, 계란지단, 햄 같은
알록달록한 재료를 올리고 돌돌 말아서 만들어.
참치, 돈가스, 불고기, 김치를 넣어도 맛있어.
마지막에 참기름과 깨소금을 뿌리면 더 고소해져.

맞춤법 · 띄어쓰기

맞춤법 연습하기

1. 문장의 틀린 부분을 바르게 고쳐 보세요.

김밥에는 알록달록한 재료가 들어가 있어요.

⇨ _____

> 헷갈릴 때는 앞에 나온 수수께끼 질문과 정답 페이지를 살펴보세요. 힌트가 있어요!

맞춤법 퀴즈

2. 다음 중 맞춤법이 올바른 문장을 골라 보세요.

① 김밥에 채소와 햄을 너어도 맛있어.
② 김밥에 채소와 햄을 넛어도 맛있어.
③ 김밥에 채소와 햄을 넣어도 맛있어.

띄어쓰기 퀴즈

3. 다음 중 띄어쓰기가 바르게 된 문장을 골라 보세요.

① 김위에 밥을 올려요.
② 김 위에 밥을 올려요.

정답: 알록달록한 / ③ / ②

또박또박 따라 쓰기

알록달록한 재료를 올려요.

[뜻] 알록달록: 다양한 색깔이 아름답게 섞여 있는 모습

1. 낱말의 뜻을 생각하며 문장을 바르게 따라 써 보세요.

알	록	달	록	한		재	료	를		올	려
요	.										

2. 띄어쓰기 표시를 하며 따라 써 보세요.

알	록	달	록	한	∨	재	료	를	∨	올	려
요	.										

나만의 문장 쓰기

1. 어울리는 낱말을 찾아 ○ 표 하고, 문장을 소리 내어 읽어 보세요.

① 꽃이 피고 정원이 　알록달록하게 / 어리둥절하게　 물들었어요.

② 내가 그린 그림은 정말 　알록달록해 / 울퉁불퉁해　 .

2. '알록달록'과 어울리는 낱말을 모두 찾아 ○ 표 하세요.

　　무지개　　독수리　　색연필　　꽃밭　　검은색

3. '알록달록하다'를 넣어 나만의 문장을 만들어 보세요.

_____

_____

보너스 수수께끼

먹으면 먹을수록 커지는 것은 무엇일까?

정답: 알록달록하게 / 알록달록해, 무지개, 색연필, 꽃밭 / (나이) 구멍

03 수수께끼

나는 하늘을 날아다니는 작은 헬리콥터야!
날개는 유리처럼 투명하고, 햇빛을 받으면
무지개처럼 색이 **반짝이기도** 해.
나는 큰 눈을 가지고 있어.
물 가까이에서 자주 보이지만 물고기는 아니야.

나는 누굴까?

잠자리

잠자리는 날씨가 따뜻한 봄부터
가을에 볼 수 있는 곤충이야. 잠자리의 앞날개와 뒷날개는
따로 움직일 수 있어서 빨리 날게 해 줘.
잠자리는 특별한 눈을 가지고 있는데, 큰 눈으로 거의 모든 방향을 볼 수 있고,
작은 움직임도 쉽게 알아차릴 수 있대.

날쌘 잠자리

맞춤법 · 띄어쓰기

 맞춤법 연습하기

1. 문장의 틀린 부분을 바르게 고쳐 보세요.

잠자리의 눈동자가 반짜기다.

⇨ _____

> 헷갈릴 때는 앞에 나온 수수께끼 질문과 정답 페이지를 살펴보세요. 힌트가 있어요!

 맞춤법 퀴즈

2. 다음 중 맞춤법이 올바른 문장을 골라 보세요.

① 하늘을 날아다니는 작은 핼리콥터
② 하늘을 날아다니는 작은 헬리콥터
③ 하늘을 날아다니는 작은 휄리콥터

 띄어쓰기 퀴즈

3. 다음 중 띄어쓰기가 바르게 된 문장을 골라 보세요.

① 잠자리의 날개는 유리처럼 투명해.
② 잠자리의 날개는 유리 처럼 투명해.

 정답

따라 쓰기

날개가 무지개처럼 반짝이다.

[뜻] 반짝이다: 빛이 나서 아름답게 보이다.

1. 낱말의 뜻을 생각하며 문장을 바르게 따라 써 보세요.

| 날 | 개 | 가 | | 무 | 지 | 개 | 처 | 럼 | | 반 | 짝 |
| 이 | 다 | . | | | | | | | | | |

2. 띄어쓰기 표시를 하며 따라 써 보세요.

| 날 | 개 | 가 | ∨ | 무 | 지 | 개 | 처 | 럼 | ∨ | 반 | 짝 |
| 이 | 다 | . | | | | | | | | | |

나만의 문장 쓰기

1. 어울리는 낱말을 찾아 ○ 표 하고, 문장을 소리 내어 읽어 보세요.

   ① 유리 구두가 반짝이다 / 번쩍이다 .
   ② 멀리서 불빛이 반듯하다 / 반짝이다 .

2. '반짝이다'와 어울리는 낱말을 모두 찾아 ○ 표 하세요.

   보석   흙   별   담요   토끼

3. '반짝이다'를 넣어 나만의 문장을 만들어 보세요.

   _____
   _____

앞날을 예측할 수 있는 벌레는?

정답: 반짝이다, 반짝이다 / 보석, 별 / 예(앞날애벌레)

35

04 수수께끼

정답

김치는 우리나라의 전통 음식이야.

김치는 배추나 무에 고춧가루, 소금, 각종 양념을 넣어 만들어.

배추로 만든 배추김치, 무로 만든 깍두기, 오이로 만든 오이소박이도 모두 김치야.

김치에는 몸에 좋은 유산균과 비타민이 풍부해서 건강에 좋아.

김치가 매워서 먹기 어렵다면 맵지 않은 백김치를 먼저 먹어 봐!

건강 튼튼 김치 운동회

맞춤법 · 띄어쓰기

 맞춤법 연습하기

1. 문장의 틀린 부분을 바르게 고쳐 보세요.

김치는 <u>아삭아작</u> 씹히는 맛이 일품이야.

⇨ _____

> 헷갈릴 때는 앞에 나온 수수께끼 질문과 정답 페이지를 살펴보세요. 힌트가 있어요!

 맞춤법 퀴즈

2. 다음 중 맞춤법이 올바른 문장을 골라 보세요.

① 시간이 지나면 더욱 <u>기픈</u> 맛이 나.
② 시간이 지나면 더욱 <u>깁은</u> 맛이 나.
③ 시간이 지나면 더욱 <u>깊은</u> 맛이 나.

띄어쓰기 퀴즈

3. 다음 중 띄어쓰기가 바르게 된 문장을 골라 보세요.

① 김치는 <u>우리나라의</u> 전통 음식이야.
② 김치는 <u>우리 나라의</u> 전통 음식이야.

정답 아삭아삭 / ③ / ①

또박또박 따라 쓰기

배추김치를 씹을 때 <u>아삭아삭</u> 소리가 났어.

[뜻] 아삭아삭: 신선한 사과나 아삭한 오이를 먹을 때 나는 소리

1. 낱말의 뜻을 생각하며 문장을 바르게 따라 써 보세요.

아	삭	아	삭		소	리	가		났	어	.

2. 띄어쓰기 표시를 하며 따라 써 보세요.

아	삭	아	삭	∨	소	리	가	∨	났	어	.

3. 문장을 작게 따라 써 보세요.

4. 문장을 더 작게 따라 써 보세요.

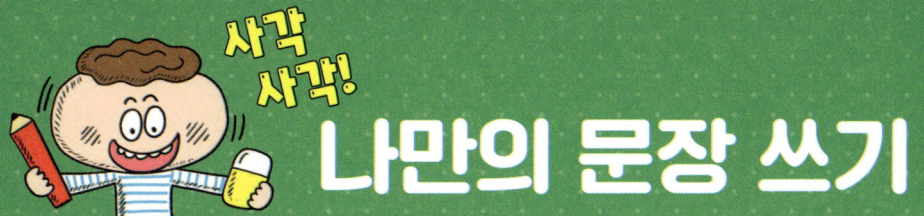

나만의 문장 쓰기

1. 어울리는 낱말을 찾아 ○ 표 하고, 문장을 소리 내어 읽어 보세요.

❶ 오이를 씹으니 입안에서 　아삭아삭 / 우당탕탕　 소리가 났어요.

❷ 잘 익은 깍두기는 　까끌까끌하다 / 아삭아삭하다　.

2. '아삭아삭'과 어울리는 낱말을 모두 찾아 ○ 표 하세요.

　　　　무　　젤리　　이불　　당근　　구름

3. '아삭아삭하다'를 넣어 나만의 문장을 만들어 보세요.

_____

_____

파 중에 가장 인기 있는 파는?

정답: 아삭아삭, 아삭아삭하다 / 무, 당근 / (대)파 스타 배

나는 **붉은색**과 푸른색 마음을 가졌어.
학교와 교실에서 볼 수 있고, 거리에서도 나를 만날 수 있어.
나에게는 하늘, 땅, 불, 물의 이야기가 숨겨져 있어.
나는 우리나라를 나타내는 소중한 보물이야.

나는 누굴까?

정답

태극기는 우리나라의 국기야.
흰 바탕에 가운데는 빨강과 파랑의 태극 문양이 있어.
네 모서리에는 모양이 다른 검은 막대가 있는데,
'건곤감리'라고 해.
태극기에는 함께 어울려 평화롭게 살아간다는 뜻이 담겨 있어.

자랑스러운 우리나라의 태극기

맞춤법 · 띄어쓰기

 맞춤법 연습하기

1. 문장의 틀린 부분을 바르게 고쳐 보세요.

태극의 불근색은 활기찬 힘을 나타내.

⇨ _____

> 헷갈릴 때는 앞에 나온 수수께끼 질문과 정답 페이지를 살펴보세요. 힌트가 있어요!

 맞춤법 퀴즈

2. 다음 중 맞춤법이 올바른 문장을 골라 보세요.

① 함께 어우려 평화롭게 살아간다.
② 함께 어울려 평화롭게 살아간다.
③ 함께 어울여 평화롭게 살아간다.

띄어쓰기 퀴즈

3. 다음 중 띄어쓰기가 바르게 된 문장을 골라 보세요.

① 네모서리에는 모양이 다른 검은 막대가 있어.
② 네 모서리에는 모양이 다른 검은 막대가 있어.

정답 정답은 ② / ②

따라 쓰기

붉은색과 파란색

[뜻] 붉다: 사과, 딸기, 단풍잎, 소방차처럼 빨갛다.

1. 낱말의 뜻을 생각하며 문장을 바르게 따라 써 보세요.

붉	은	색	과		파	란	색				

2. 띄어쓰기 표시를 하며 따라 써 보세요.

붉	은	색	과	∨	파	란	색				

3. 문장을 작게 따라 써 보세요.

4. 문장을 더 작게 따라 써 보세요.

나만의 문장 쓰기

1. 어울리는 낱말을 찾아 ○ 표 하고, 문장을 소리 내어 읽어 보세요.

  ❶ 가을이 오자 단풍잎이 붉게 / 푸르게 물들었어요.
  ❷ 토마토는 익을수록 맑다 / 붉다 .

2. '붉다'와 어울리는 낱말을 모두 찾아 ○ 표 하세요.

  노을   바나나   잔디   고추   장미

3. '붉다'를 넣어 나만의 문장을 만들어 보세요.

_____

_____

 보너스 수수께끼

바람만 불면 춤추는 발은?

정답: 붉게, 붉다 / 노을, 고추, 장미 / (바지)자락

02

폴짝폴짝 움직여요

배움 낱말

뜨다 · 주룩주룩 · 깡충깡충

밟다 · 쌩쌩

06 수수께끼

네가 웃을 때도, 울 때도 나는 늘 옆에 있어.
나는 태양이 **뜨면** 나타나고, 달이 **뜨면** 사라져.
나는 너의 몸짓을 똑같이 따라 해.
나는 까만 옷을 입고 있어!

나는 누굴까?

그림자는 빛이 우리 몸에 닿을 때 생기는 검은 그림이야.
그림자를 만들려면 빛과 물체가 있어야 해.
그림자를 한번 만들어 볼까?
전등을 켜고, 전등 앞에 인형이나 장난감을 놓아 봐.
그럼 인형이나 장난감 뒤에 그림자가 생길 거야.
빛이나 물체 둘 중 하나의 위치가 바뀌면 그림자도 따라 움직여.

날 따라 해 봐요, 이렇게!

맞춤법 · 띄어쓰기

 맞춤법 연습하기

1. 문장의 틀린 부분을 바르게 고쳐 보세요.

밤하늘에 달이 뚜다.

⇨ _____

> 헷갈릴 때는 앞에 나온 수수께끼 질문과 정답 페이지를 살펴보세요. 힌트가 있어요!

 맞춤법 퀴즈

2. 다음 중 맞춤법이 올바른 문장을 골라 보세요.

① 그림자를 만들려면 빛과 물체가 있어야 해.
② 그림자를 만들려면 빚과 물체가 있어야 해.
③ 그림자를 만들려면 빛과 물체가 있어야 해.

✏️ **띄어쓰기 퀴즈**

3. 다음 중 띄어쓰기가 바르게 된 문장을 골라 보세요.

① 네가 웃을 때도, 울 때도 나는 늘 옆에 있어.
② 네가 웃을때도, 울때도 나는 늘 옆에 있어.

 정답: 뜨다 / ③ / ①

따라 쓰기

태양이 뜨다.

[뜻] 뜨다: 물 위나 하늘 위로 떠오르다.

1. 낱말의 뜻을 생각하며 문장을 바르게 따라 써 보세요.

태	양	이		뜨	다	.			

2. 띄어쓰기 표시를 하며 따라 써 보세요.

태	양	이	∨	뜨	다	.			

3. 문장을 작게 따라 써 보세요.

4. 문장을 더 작게 따라 써 보세요.

나만의 문장 쓰기

1. 어울리는 낱말을 찾아 ○ 표 하고, 문장을 소리 내어 읽어 보세요.

① 장난감 오리가 물 위에 동동 뜨다 / 가라앉다 .

② 둥근 해가 내리다 / 떴다 .

2. '뜨다'와 어울리는 낱말을 모두 찾아 ○ 표 하세요.

잠   보름달   비행기   꿈   머리

3. '뜨다'를 넣어 나만의 문장을 만들어 보세요.

_____

_____

빛을 보면 큰소리치는 것은?

정답: 뜨다. 떴다 / 보름달, 비행기 (머리) 감음

07 수수께끼

비가 **주룩주룩** 내리는 날, 나는 활짝 피어나.
나는 둥그런 몸에 길쭉한 다리가 딱 하나 있어.
나는 물방울들의 미끄럼틀이야.
나를 꽉 잡으면, 든든한 방패가 되어 너를 지켜 줄게.

나는 누굴까?

우산

우산은 비가 올 때 우리 몸이 젖지 않게 막아 줘.
우산을 펼 때는 다른 사람이나 물건에 부딪히지 않도록 조심해야 해.
우산을 쓰고 걸을 때는 눈앞이 잘 보이도록 머리 위로 높이 들어야 하고,
장난감처럼 휘두르면 다칠 수 있으니까
우산으로 장난을 치면 안 된다는 것도 잊지 마!

물방울들의 놀이공원

맞춤법·띄어쓰기

맞춤법 연습하기

1. 문장의 틀린 부분을 바르게 고쳐 보세요.

눈물이 주륵주륵 흘러내렸다.

➪ _____

> 헷갈릴 때는 앞에 나온 수수께끼 질문과 정답 페이지를 살펴보세요. 힌트가 있어요!

맞춤법 퀴즈

2. 다음 중 맞춤법이 올바른 문장을 골라 보세요.

① 우산은 비에 몸이 젓지 않게 비를 막아 줘.
② 우산은 비에 몸이 젖지 않게 비를 막아 줘.
③ 우산은 비에 몸이 저찌 않게 비를 막아 줘.

띄어쓰기 퀴즈

3. 다음 중 띄어쓰기가 바르게 된 문장을 골라 보세요.

① 길쭉한 다리가 딱하나 있어.
② 길쭉한 다리가 딱 하나 있어.

정답 ㅣ 눈ᆞ눈ᆞ / ② / ②

따라 쓰기

비가 주룩주룩 내리다.

[뜻] 주룩주룩: 물이나 비가 계속해서 많이 내릴 때의 소리

1. 낱말의 뜻을 생각하며 문장을 바르게 따라 써 보세요.

비	가		주	룩	주	룩		내	리	다	.

2. 띄어쓰기 표시를 하며 따라 써 보세요.

비	가	∨	주	룩	주	룩	∨	내	리	다	.

3. 문장을 작게 따라 써 보세요.

4. 문장을 더 작게 따라 써 보세요.

나만의 문장 쓰기

1. 어울리는 낱말을 찾아 ○ 표 하고, 문장을 소리 내어 읽어 보세요.

① 슬퍼서 눈물이 [주룩주룩 / 활짝활짝] 났어.
② 땅 위에 물방울이 [주룩주룩 / 깜빡깜빡] 떨어졌다.

2. '주룩주룩'과 어울리는 낱말을 모두 찾아 ○ 표 하세요.

바람   비   햇살   웃음   눈물

3. '주룩주룩'을 넣어 나만의 문장을 만들어 보세요.

_____

_____

비는 비인데, 먹을 수 있는 비는?

정답: 1. 주룩주룩, 주룩주룩 / 2. 비, 눈물 / (과자)구비

08 수수께끼

내가 빙글빙글 돌면, 넌 토끼처럼 **깡충깡충** 뛰어.
하지만 내 몸에 걸리면 멈춰 버리지.
나는 얇고 길쭉한 몸을 갖고 있어.
나랑 놀면 몸이 튼튼해져.

나는 누굴까?

줄넘기

줄넘기는 긴 줄을 두 손으로 잡고, 줄을 앞 또는 뒤로 돌리면서 뛰는 놀이야.

줄이 발에 걸리지 않게 조심하면서 폴짝폴짝 뛰면 돼.

줄넘기를 하면 다리가 튼튼해지고, 키도 쑥쑥 자랄 수 있어.

줄넘기는 혼자 할 수도 있지만 친구와 함께 할 수도 있어.

우리 같이 신나게 줄넘기해 볼까?

줄넘기 이렇게 해 봐!

맞춤법·띄어쓰기

맞춤법 연습하기

1. 문장의 틀린 부분을 바르게 고쳐 보세요.

우리 한번 깡충깡충 뛰어 볼까?

⇨ _____

> 헷갈릴 때는 앞에 나온 수수께끼 질문과 정답 페이지를 살펴보세요. 힌트가 있어요!

맞춤법 퀴즈

2. 다음 중 맞춤법이 올바른 문장을 골라 보세요.

① 줄이 발에 걸리지 않도록 폴착폴착 뛰면 돼.
② 줄이 발에 걸리지 않도록 풀짝풀짝 뛰면 돼.
③ 줄이 발에 걸리지 않도록 폴짝폴짝 뛰면 돼.

띄어쓰기 퀴즈

3. 다음 중 띄어쓰기가 바르게 된 문장을 골라 보세요.

① 긴 줄을 두 손으로 잡고 돌려.
② 긴 줄을 두손으로 잡고 돌려.

정답 ① / ③ / 올라요올라요

따라 쓰기

토끼는 깡충깡충 뛰어.

[뜻] 깡충깡충: 두 발을 모으거나 튕기듯이 가볍게 뛰어오르는 모습

1. 낱말의 뜻을 생각하며 문장을 바르게 따라 써 보세요.

토	끼	는		깡	충	깡	충		뛰	어	.

2. 띄어쓰기 표시를 하며 따라 써 보세요.

토	끼	는	∨	깡	충	깡	충	∨	뛰	어	.

3. 문장을 작게 따라 써 보세요.

4. 문장을 더 작게 따라 써 보세요.

나만의 문장 쓰기

1. 어울리는 낱말을 찾아 ○ 표 하고, 문장을 소리 내어 읽어 보세요.

① 캥거루가 들판을 [깡충깡충 / 반짝반짝] 뛰어다녔다.
② 강아지가 주인을 보자 [훨훨 / 깡충깡충] 뛰며 반겼다.

2. '깡충깡충'과 어울리는 낱말을 모두 찾아 ○ 표 하세요.

거북이   개구리   바위   토끼   꽃

3. '깡충깡충'을 넣어 나만의 문장을 만들어 보세요.

보너스 수수께끼

추운 겨울에 가장 많이 찾는 끈은?

끈을 찾습니다~

정답 깡충깡충, 깡충깡충 / 개구리, 토끼 / (벌레)깡충깡충

09 수수께끼

길에 누워 있지만, 자고 있진 않아.
나는 길과 길을 이어 주는 징검다리야.
검은색과 흰 줄무늬 옷을 입고 있지.
사람들은 빨간색에 멈추고, 초록색에 나를 **밟고** 지나가!

나는 누굴까?

횡단보도

횡단보도는 찻길을 안전하게 건널 수 있게 도와주는 길이야.
길을 건널 때는 길 위에 난 하얀 줄무늬를 따라 천천히 걸으면 돼.
횡단보도가 없는 곳에서 길을 건너면 위험하니까,
아무리 급하더라도 꼭 횡단보도가 있는 곳을 찾아서 건너자.

맞춤법 · 띄어쓰기

 맞춤법 연습하기

1. 문장의 틀린 부분을 바르게 고쳐 보세요.

횡단보도를 밝다.

⇨ _____

> 헷갈릴 때는 앞에 나온 수수께끼 질문과 정답 페이지를 살펴보세요. 힌트가 있어요!

 맞춤법 퀴즈

2. 다음 중 맞춤법이 올바른 문장을 골라 보세요.

① 횡단보도가 업는 곳에서 길을 건너면 위험해.
② 횡단보도가 엄는 곳에서 길을 건너면 위험해.
③ 횡단보도가 없는 곳에서 길을 건너면 위험해.

 띄어쓰기 퀴즈

3. 다음 중 띄어쓰기가 바르게 된 문장을 골라 보세요.

① 길을 건널때는 천천히 걸어요.
② 길을 건널 때는 천천히 걸어요.

정답 ③ / ② / 1계단

또박또박 따라 쓰기

하얀 줄무늬를 밟다.

[뜻] 밟다: 발로 무언가를 대고 누르다.

1. 낱말의 뜻을 생각하며 문장을 바르게 따라 써 보세요.

하	얀		줄	무	늬	를		밟	다	.	

2. 띄어쓰기 표시를 하며 따라 써 보세요.

하	얀	∨	줄	무	늬	를	∨	밟	다	.

3. 문장을 작게 따라 써 보세요.

4. 문장을 더 작게 따라 써 보세요.

나만의 문장 쓰기

1. 어울리는 낱말을 찾아 ○ 표 하고, 문장을 소리 내어 읽어 보세요.

❶ 아이가 장난감을 실수로 　밟았다 / 건넜다　 .

❷ 낙엽을 　지는 / 밟는　 소리가 경쾌하게 들렸다.

2. '밟다'와 어울리는 낱말을 모두 찾아 ○ 표 하세요.

　　　　노래　　발자국　　공기　　계단　　페달

3. '밟다'를 넣어 나만의 문장을 만들어 보세요.

_____

_____

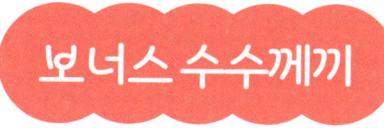

차도가 없는 나라는?

정답 밟았다, 밟는 / 발자국, 계단, 페달 / (보기자) 앙도

10 수수께끼

나는 추운 겨울이 되면 짠! 하고 나타나.
옷을 입지 않아도 **쌩쌩** 찬 바람을 견딜 만큼 튼튼해.
나는 추울수록 커지고, 더울수록 작아져.
내가 좋다고 나를 꽉 안아 버리거나 만지면 금방 사라질지도 몰라.
나는 사람처럼 생겼지만, 움직이지는 못해.

나는 누굴까?

눈사람은 겨울에만 만날 수 있는 특별한 친구야.
눈사람을 만들어 봤니?
먼저 큰 뭉치를 굴려서 눈사람의 몸통을 만들고,
그 위에 작은 눈 뭉치를 올려서 머리를 만들어.
눈사람의 얼굴에 눈, 코, 입을 만들어 주는 것도 잊지 마.
눈이 많이 오는 날, 밖에 나가서 멋진 눈사람을 만들어 보자!

눈돌이의 미소

맞춤법·띄어쓰기

맞춤법 연습하기

1. 문장의 틀린 부분을 바르게 고쳐 보세요.

차가 도로 위를 쨍쨍 달린다.

⇨ _____

> 헷갈릴 때는 앞에 나온 수수께끼 질문과 정답 페이지를 살펴보세요. 힌트가 있어요!

맞춤법 퀴즈

2. 다음 중 맞춤법이 올바른 문장을 골라 보세요.

① 나를 꽉 안아 버리거나 만지면 안 돼.
② 나를 꽉 앉아 버리거나 만지면 안 돼.
③ 나를 꽉 않아 버리거나 만지면 안 돼.

띄어쓰기 퀴즈

3. 다음 중 띄어쓰기가 바르게 된 문장을 골라 보세요.

① 추울수록 커지고, 더울수록 작아져.
② 추울 수록 커지고, 더울 수록 작아져.

정답 ① / ①

따라 쓰기

쌩쌩 찬 바람이 분다

[뜻] 쌩쌩: 바람이 세게 불거나 사람 또는 물체가 빠르게 움직일 때 나는 소리

1. 낱말의 뜻을 생각하며 문장을 바르게 따라 써 보세요.

쌩	쌩		찬		바	람	이		분	다	.

2. 띄어쓰기 표시를 하며 따라 써 보세요.

쌩	쌩	∨	찬	∨	바	람	이	∨	분	다	.

3. 문장을 작게 따라 써 보세요.

4. 문장을 더 작게 따라 써 보세요.

나만의 문장 쓰기

1. 어울리는 낱말을 찾아 ○ 표 하고, 문장을 소리 내어 읽어 보세요.

   ① 자전거를 타고 내리막길을 쌩쌩 / 졸졸 내려갔다.
   ② 겨울바람이 짹짹 / 쌩쌩 불어서 손이 시렸다.

2. '쌩쌩'과 어울리는 낱말을 모두 찾아 ○ 표 하세요.

   졸음   오토바이   슬픔   자동차   지우개

3. '쌩쌩'을 넣어 나만의 문장을 만들어 보세요.

   _____
   _____

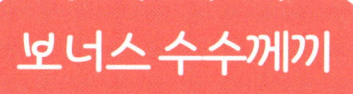

얼음이 죽으면?

정답: 쌩쌩, 쌩쌩 / 오토바이, 자동차 / 다이스크림

03

사이좋게 나눠요

배움 낱말

튼튼하다 · 지키다 · 행복하다

도와주다 · 가득하다

11 수수께끼

정답

낙타는 뜨거운 사막에서도 잘 버틸 수 있는 **튼튼한** 몸을 가진 동물이야.

등에 있는 혹은 영양분을 저장하는 곳이야.

그래서 낙타는 물이나 먹이를 먹지 않고도

오랫동안 힘을 낼 수 있대. 또 낙타의 긴 눈꺼풀과 속눈썹은

모래가 눈에 들어가지 않도록 보호해 줘.

마스크를 쓴 낙타

맞춤법·띄어쓰기

맞춤법 연습하기

1. 문장의 틀린 부분을 바르게 고쳐 보세요.

낙타가 튼트난 이빨로 선인장을 씹어.

⇨ _____

> 헷갈릴 때는 앞에 나온 수수께끼 질문과 정답 페이지를 살펴보세요. 힌트가 있어요!

맞춤법 퀴즈

2. 다음 중 맞춤법이 올바른 문장을 골라 보세요.

① 낙타는 오랜동안 힘을 낼 수 있대.
② 낙타는 오랫동안 힘을 낼 수 있대.
③ 낙타는 오랜동안 힘을 낼 수 있대.

띄어쓰기 퀴즈

3. 다음 중 띄어쓰기가 바르게 된 문장을 골라 보세요.

① 등에 있는 혹은 영양분을 저장하는 곳이야.
② 등에 있는 혹은 영양분을 저장하는 곳 이야.

정답: 튼튼한 / ② / ①

또박또박 따라 쓰기

낙타는 튼튼한 몸을 가지고 있어.

[뜻] 튼튼하다: 단단하고 강하다.

1. 낱말의 뜻을 생각하며 문장을 바르게 따라 써 보세요.

낙	타	는		튼	튼	한		몸	을		가
지	고		있	어	.						

2. 띄어쓰기 표시를 하며 따라 써 보세요.

낙	타	는	∨	튼	튼	한	∨	몸	을	∨	가
지	고	∨	있	어	.						

나만의 문장 쓰기

1. 어울리는 낱말을 찾아 ○ 표 하고, 문장을 소리 내어 읽어 보세요.

① 벽돌집은 튼튼해서 / 연약해서 강한 바람이 불어도 끄떡없어.

② 아기가 든든하게 / 튼튼하게 잘 자랐다.

2. 빈칸에 들어갈 말을 보기에서 찾아 써넣으세요.

> 향기 몸 소리 집 뼈

① 운동을 꾸준히 하면 _____ 이 튼튼해진다.

② 튼튼한 _____ 을 짓기 위해 좋은 재료를 사용했다.

③ 우유를 마시면 _____ 가 튼튼해진대.

3. '튼튼하다'를 넣어 나만의 문장을 만들어 보세요.

 _____

보너스 수수께끼

물 없는 사막에서도 할 수 있는 물놀이는?

정답 물놀이개, 물놀이더니 / 몸, 집, 뼈 (보너스) 신기루놀이

12 수수께끼

허수아비

논이나 밭에 서 있는 허수아비를 본 적 있니?
허수아비는 꼭 사람처럼 생겼는데,
바람이 불면 허수아비는 팔랑팔랑 춤을 추는 것처럼 움직여.
이때 곡식을 먹으러 왔던 새들은 허수아비를 보고 깜짝 놀라 도망가지.
농부는 허수아비 덕분에 곡식을 잘 기를 수 있어.

외로운 허수아비와 친구

맞춤법·띄어쓰기

 맞춤법 연습하기

1. 문장의 틀린 부분을 바르게 고쳐 보세요.

경찰관이 사람들의 안전을 <u>직히다</u>.

⇨ _____

> 헷갈릴 때는 앞에 나온 수수께끼 질문과 정답 페이지를 살펴보세요. 힌트가 있어요!

 맞춤법 퀴즈

2. 다음 중 맞춤법이 올바른 문장을 골라 보세요.

① 새들은 허수아비를 보고 <u>깐짝</u> 놀라 도망가지.
② 새들은 허수아비를 보고 <u>깜짝</u> 놀라 도망가지.
③ 새들은 허수아비를 보고 <u>깝짝</u> 놀라 도망가지.

 띄어쓰기 퀴즈

3. 다음 중 띄어쓰기가 바르게 된 문장을 골라 보세요.

① <u>비가와도</u> 우산을 쓰지 않고, <u>눈이와도</u> 피하지 않아.
② <u>비가 와도</u> 우산을 쓰지 않고, <u>눈이 와도</u> 피하지 않아.

정답 지키다 / ② / ②

또박또박 따라 쓰기

허수아비가 논과 밭을 <u>지키다</u>.

[뜻] 지키다: 소중한 것을 안전하게 보호하고 돌보다.

1. 낱말의 뜻을 생각하며 문장을 바르게 따라 써 보세요.

허	수	아	비	가		논	과		밭	을
지	키	다	.							

2. 띄어쓰기 표시를 하며 따라 써 보세요.

허	수	아	비	가	∨	논	과	∨	밭	을	∨
지	키	다	.								

나만의 문장 쓰기

1. 어울리는 낱말을 찾아 ○ 표 하고, 문장을 소리 내어 읽어 보세요.

   ① 약속 시간을 잘 지켜야 / 무시해야 한다.
   ② 분리수거로 환경을 파괴하자 / 지키자 .

2. 빈칸에 들어갈 말을 보기에서 찾아 써넣으세요.

   > 규칙   졸음   건강   소음   안전

   ① 학교에서 _____ 을 지키며 생활해요.
   ② _____ 을 지키기 위해 운동을 해야 해요.
   ③ 자동차 안전벨트는 내 _____ 을 지켜 줘요.

3. '지키다'를 넣어 나만의 문장을 만들어 보세요.

   ⇨ _____

보너스 수수께끼

새 중에서 가장 빠른 새는?

정답: 지켜야 한다. / 지키자. / 규칙, 건강, 안전 / (보기) 눈 깜짝할 새

13 수수께끼

카메라는 특별한 순간을 사진으로 남길 수 있게 해 줘.
카메라 앞쪽에는 렌즈라고 하는 둥근 유리가 있어.
렌즈는 사람의 눈과 같은 역할을 하고,
우리가 보고 싶은 것을 사진으로 담아 줘.
카메라의 버튼을 누르면 '찰칵!' 하는 소리와 함께 멋진 사진이 찍혀.

카메라는 대단해!

맞춤법·띄어쓰기

맞춤법 연습하기

1. 문장의 틀린 부분을 바르게 고쳐 보세요.

나는 행보칸 사람이야.

⇨ _____

> 헷갈릴 때는 앞에 나온 수수께끼 질문과 정답 페이지를 살펴보세요. 힌트가 있어요!

맞춤법 퀴즈

2. 다음 중 맞춤법이 올바른 문장을 골라 보세요.

① 카메라 버튼을 누르면 사진이 찌켜요.
② 카메라 버튼을 누르면 사진이 찍켜요.
③ 카메라 버튼을 누르면 사진이 찍혀요.

띄어쓰기 퀴즈

3. 다음 중 띄어쓰기가 바르게 된 문장을 골라 보세요.

① 초원에사는 사자도 쉽게 만날 수 있지.
② 초원에 사는 사자도 쉽게 만날 수 있지.

정답: 행복한 / ③ / ②

또박또박 따라 쓰기

행복한 웃음을 좋아해.

[뜻] 행복하다: 마음이 솜털처럼 가볍고, 기쁘다.

1. 낱말의 뜻을 생각하며 문장을 바르게 따라 써 보세요.

행	복	한		웃	음	을		좋	아	해	.

2. 띄어쓰기 표시를 하며 따라 써 보세요.

행	복	한	∨	웃	음	을	∨	좋	아	해	.

3. 문장을 작게 따라 써 보세요.

4. 문장을 더 작게 따라 써 보세요.

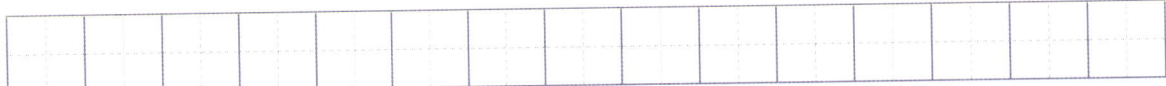

나만의 문장 쓰기

1. 어울리는 낱말을 찾아 ○ 표 하고, 문장을 소리 내어 읽어 보세요.

    ① 친구와 함께여서 행복하다 / 좋아하다 .

    ② 달콤한 아이스크림을 먹는 행복한 / 불행한 상상을 했다.

2. 빈칸에 들어갈 말을 보기에서 찾아 써넣으세요.

    놀이공원   슬픔   순간   미래   사랑

    ① 행복한 _____을 오래 기억하기 위해 사진을 찍었다.

    ② 할아버지와 할머니는 서로 _____하며 행복하게 살았다.

    ③ 어제 친구들과 _____에 가서 정말 행복했다.

3. '행복하다'를 넣어 나만의 문장을 만들어 보세요.

    ⇨ _____

보너스 수수께끼

세상 모든 것을 다 덮을 수 있는 것은?

정답: 행복하다. 행복한 / 순간, 사랑, 놀이공원 / (보기) 눈꺼풀

14 수수께끼

나는 빨간 용을 길들이는 마법사야!
뜨겁고 위험한 곳으로 달려가 사람들을 구해 주는 용감한 기사야.
내 무기는 물과 용기이고, 나는 빨간 차를 타고 다녀.
너희가 살고 있는 마을의 안전을 지키는 게 내 임무야.

나는 누굴까?

소방관은 불이 나거나 사고가 났을 때
가장 먼저 달려와 사람들을 **도와주는** 영웅이야.
위급할 때 119에 전화하면, 소방차를 타고 빠르게 달려와
물을 뿌려 불을 끄고, 위험한 곳에 갇힌 사람을 구해 줘.
우리의 생명과 안전을 지켜 주는 멋진 소방관을 만나면
"감사합니다!" 하고 인사해 보자.

소방관의 바쁜 하루

맞춤법 · 띄어쓰기

맞춤법 연습하기

1. 문장의 틀린 부분을 바르게 고쳐 보세요.

선생님이 공부를 도와주다.
⇨ _____

> 헷갈릴 때는 앞에 나온 수수께끼 질문과 정답 페이지를 살펴보세요. 힌트가 있어요!

맞춤법 퀴즈

2. 다음 중 맞춤법이 올바른 문장을 골라 보세요.

① 위험한 곳에 갇힌 사람들
② 위험한 곳에 가친 사람들
③ 위험한 곳에 갓친 사람들

띄어쓰기 퀴즈

3. 다음 중 띄어쓰기가 바르게 된 문장을 골라 보세요.

① 소방관은 사고가 났을 때 가장 먼저 달려와.
② 소방관은 사고가 났을때 가장 먼저 달려와.

정답: 도와주다 / ① / ①

또박또박 따라 쓰기

소방관이 사람들을 도와주다.

[뜻] 도와주다: 어려운 상황에 있는 사람에게 힘을 보태다.

1. 낱말의 뜻을 생각하며 문장을 바르게 따라 써 보세요.

소	방	관	이		사	람	들	을		도	와
주	다	.									

2. 띄어쓰기 표시를 하며 따라 써 보세요.

소	방	관	이	∨	사	람	들	을	∨	도	와
주	다	.									

나만의 문장 쓰기

1. 어울리는 낱말을 찾아 ○ 표 하고, 문장을 소리 내어 읽어 보세요.

① 어려움에 처한 사람들을 괴롭히세요 / 도와주세요 .

② 친구가 숙제를 도와준 / 방해한 덕분에 일찍 끝낼 수 있었다.

2. 빈칸에 들어갈 말을 보기에서 찾아 써넣으세요.

> 싸움   비   숙제   실패   이웃   어려움

① _____ 에 처한 사람들을 도와주세요.

② 우리 함께 _____ 을 도와줍시다.

③ 동생의 _____ 를 도와준 후에 동생과 함께 놀았다.

3. '도와주다'를 넣어 나만의 문장을 만들어 보세요.

⇨ _____

불은 불인데, 뜨겁지 않은 불은?

정답: 도와주세요, 도와준 / 어려움, 이웃, 숙제 / (보너스) 반딧불이·반딧불

15 수수께끼

어른들은 잠깐 쉬고, 아이들은 마음껏 뛰어놀 수 있는
작은 왕국이야. 여긴 웃음소리가 **가득해**.
빙글빙글 도는 말도 있고, 쌩쌩 하늘을 나는 비행기도 있어.
친구랑 함께 오면 더 즐거워.

나는 누굴까?

정답

놀이터에는 그네, 시소, 미끄럼틀 같은 놀이기구가 **가득해**.
놀이터에서는 마음껏 웃고, 뛰어놀 수 있지.
하지만 놀이터를 이용할 때도 꼭 안전 규칙을 지켜야 해.
미끄럼틀은 거꾸로 타면 안 되고, 그네를 탈 때는 두 손으로 그넷줄을 꼭 잡아야 해.
고장 난 놀이기구에는 절대 올라타지 말자!

이런 놀이 해 봤어?

맞춤법·띄어쓰기

맞춤법 연습하기

1. 문장의 틀린 부분을 바르게 고쳐 보세요.

놀이터에 아이들이 가드캐.

⇨ _____

> 헷갈릴 때는 앞에 나온 수수께끼 질문과 정답 페이지를 살펴보세요. 힌트가 있어요!

맞춤법 퀴즈

2. 다음 중 맞춤법이 올바른 문장을 골라 보세요.

① 미끄럼틀을 탈 때는 거꾸리 타면 위험해.
② 미끄럼틀을 탈 때는 거꾸루 타면 위험해.
③ 미끄럼틀을 탈 때는 거꾸로 타면 위험해.

띄어쓰기 퀴즈

3. 다음 중 띄어쓰기가 바르게 된 문장을 골라 보세요.

① 놀이터를 이용할 때도 꼭 안전 규칙을 지켜야해.
② 놀이터를 이용할 때도 꼭 안전 규칙을 지켜야 해.

정답: 가득해 / ③ / ②

따라 쓰기

놀이터에 웃음소리가 <u>가득해</u>.

[뜻] 가득하다: 어떤 것이 넘칠 정도로 많다.

1. 낱말의 뜻을 생각하며 문장을 바르게 따라 써 보세요.

놀	이	터	에		웃	음	소	리	가		가
득	해	.									

2. 띄어쓰기 표시를 하며 따라 써 보세요.

놀	이	터	에	∨	웃	음	소	리	가	∨	가
득	해	.									

나만의 문장 쓰기

1. 어울리는 낱말을 찾아 ○ 표 하고, 문장을 소리 내어 읽어 보세요.

① 상자에 장난감이 [가득하다 / 고독하다].

② 주말에 향기로운 꽃이 [까마득한 / 가득한] 정원에 다녀왔어요.

2. 빈칸에 들어갈 말을 보기에서 찾아 써넣으세요.

> 책   사람   기쁨   음식   핸드폰   닭

① 영화관에 _____ 들이 가득하네요.

② 내 마음에 _____ 이 가득해요.

③ 엄마가 준 도시락에 맛있는 _____ 이 가득했어요.

3. '가득하다'를 넣어 나만의 문장을 만들어 보세요.

 _____

보너스 수수께끼

다리로 올라가고 엉덩이로 내려오는 것은?

정답: 가득하다, 가득한 / 사람, 기쁨, 음식 (미끄럼틀)

04

신나게 만들어요

배움 낱말

짓다 · 읽다 · 날카롭다

깎다 · 짧다

16 수수께끼

나는 지하 세상을 탐험하는 모험가야.
내 코는 길을 찾는 냄새 탐지기야.
나는 삽처럼 생긴 손으로
땅을 빠르게 슉슉 잘 파는 땅파기 선수야!
폭신폭신한 땅속에서 꼬불꼬불 미로 같은 집을 짓고 살아.

나는 누굴까?

두더지

두더지는 삽처럼 뾰족하고 넓적한 발이 있어서 땅을 아주 잘 파.
두더지는 잠자는 방, 먹이 저장하는 방, 새끼 낳는 방 등
여러 개의 방을 땅속에 만들어 살아.
두더지는 시력이 좋지 않지만, 후각과 촉각이 뛰어나서
깜깜한 땅속에서도 냄새로 먹이를 찾고, 촉감으로 방향을 잘 찾을 수 있어.

토끼와 두더지의 달리기 경주

맞춤법 · 띄어쓰기

 맞춤법 연습하기

1. 문장의 틀린 부분을 바르게 고쳐 보세요.

두더지가 미로 같은 집을 짖다.

⇨ _____

> 헷갈릴 때는 앞에 나온 수수께끼 질문과 정답 페이지를 살펴보세요. 힌트가 있어요!

 맞춤법 퀴즈

2. 다음 중 맞춤법이 올바른 문장을 골라 보세요.

① 두더지는 깜까만 곳에서도 길을 잘 찾아.
② 두더지는 깜깐안 곳에서도 길을 잘 찾아.
③ 두더지는 깜깜한 곳에서도 길을 잘 찾아.

 띄어쓰기 퀴즈

3. 다음 중 띄어쓰기가 바르게 된 문장을 골라 보세요.

① 두더지는 꼬불꼬불 미로같은 집에 살아.
② 두더지는 꼬불꼬불 미로 같은 집에 살아.

정답: 짓다 / ③ / ②

따라 쓰기

두더지는 땅속에 집을 짓고 살아.

[뜻] 짓다: 재료를 이용해 무엇을 만들다.

1. 낱말의 뜻을 생각하며 문장을 바르게 따라 써 보세요.

| 두 | 더 | 지 | 는 | | 땅 | 속 | 에 | | 집 | 을 | |
| 짓 | 고 | | 살 | 아 | . | | | | | | |

2. 띄어쓰기 표시를 하며 따라 써 보세요.

| 두 | 더 | 지 | 는 | ∨ | 땅 | 속 | 에 | ∨ | 집 | 을 | ∨ |
| 짓 | 고 | ∨ | 살 | 아 | . | | | | | | |

나만의 문장 쓰기

1. 어울리는 낱말을 찾아 ○ 표 하고, 문장을 소리 내어 읽어 보세요.

① 블록으로 이층집을 [짙다 / 짓다].

② 밥솥으로 밥을 [짓다 / 찢다].

2. 빈칸에 들어갈 말을 보기에서 찾아 써넣으세요.

> 종이배   표정   선물   아파트   모래성   이야기

① 커다란 크레인으로 _____ 를 짓고 있어요.

② 작가는 재미있는 _____ 를 짓는 일을 해.

③ 선생님이 칭찬해 주셔서 우리는 행복한 _____ 을 지었어요.

3. '짓다'를 넣어 나만의 문장을 만들어 보세요.

⇨ _____

보너스 수수께끼

세상에서 가장 큰 코는?

정답: 짓다, 짓다 / 아파트, 이야기, 표정 / (모래) 배싯코

17 수수께끼

내 안에는 비밀이 가득 담긴 상자들이 숨어 있어.
세상의 지식이 잠들어 있는 신비한 공간이지.
나는 말을 못 하지만, 너에게 많은 이야기를 들려줄 수 있어.
과거, 미래, 상상의 나라까지 데려갈 수도 있어.
나는 세상의 지혜를 알려 주는 책의 집이야.

나는 누굴까?

도서관에 재미있는 책이 많아서 눈이 휘둥그레진 적 있어?

도서관에는 많은 종류의 책이 있어.

공룡, 모험, 우주, 마법사 이야기 등 여러 가지 이야기를 만나 볼 수 있지.

도서관에서 책을 빌리면 집에서도 편하게 책을 **읽을** 수 있어.

보고 싶은 책이 있을 땐 검색하거나, 사서 선생님께 말씀드리면 찾아 주실 거야.

쉿, 도서관 친구들의 회의

맞춤법 · 띄어쓰기

 맞춤법 연습하기

1. 문장의 틀린 부분을 바르게 고쳐 보세요.

도서관에서 책을 빌려서 잃다.

⇨ _____

> 헷갈릴 때는 앞에 나온 수수께끼 질문과 정답 페이지를 살펴보세요. 힌트가 있어요!

 맞춤법 퀴즈

2. 다음 중 맞춤법이 올바른 문장을 골라 보세요.

① 도서관에는 많은 종류의 책이 있어.
② 도서관에는 마는 종류의 책이 있어.
③ 도서관에는 만은 종류의 책이 있어.

 띄어쓰기 퀴즈

3. 다음 중 띄어쓰기가 바르게 된 문장을 골라 보세요.

① 모험, 우주, 마법사 이야기등 어떤 책이든 읽을 수 있지.
② 모험, 우주, 마법사 이야기 등 어떤 책이든 읽을 수 있지.

정답

따라 쓰기

도서관에서 책을 읽다.

[뜻] 읽다: 글을 보고 뜻을 이해하다.

1. 낱말의 뜻을 생각하며 문장을 바르게 따라 써 보세요.

| 도 | 서 | 관 | 에 | 서 | | 책 | 을 | | 읽 | 다 | . |

2. 띄어쓰기 표시를 하며 따라 써 보세요.

| 도 | 서 | 관 | 에 | 서 | ∨ | 책 | 을 | ∨ | 읽 | 다 | . |

3. 문장을 작게 따라 써 보세요.

4. 문장을 더 작게 따라 써 보세요.

나만의 문장 쓰기

1. 어울리는 낱말을 찾아 ○ 표 하고, 문장을 소리 내어 읽어 보세요.

① 매일 아침, 신문을   잇다 / 읽다 .

② 큰 목소리로 글을   읽을 수 / 잊을 수   있다.

2. 빈칸에 들어갈 말을 보기에서 찾아 써넣으세요.

> 편지   신발   의자   마음   라면   안내문

① 제품을 사용하기 전에 _____ 을 꼭 읽어 보세요.

② 엄마는 아이의 표정을 보고 _____ 을 읽었다.

③ 할머니께서 보내 주신 _____ 를 읽고 감동했다.

3. '읽다'를 넣어 나만의 문장을 만들어 보세요.

⇨ _____

보너스 수수께끼

등은 등인데 올라탈 수 없는 등은?

정답: 1. 읽다, 읽을 수 / 2. 안내문, 마음, 편지 / (보너스) 촛불

깜짝이야!

나는 강에 사는 무시무시한 사냥꾼이야.
날카로운 이빨과 강한 턱은 나의 자랑이지.
내 피부는 두툼한 갑옷같이 단단해.
내가 입을 쫙 벌리면 다들 깜짝 놀라!

나는 누굴까?

호수나 강, 연못, 늪지대에 사는 악어는 길쭉한 몸과
큰 입을 가지고 있어. 악어의 몸은 딱딱한 비늘로 덮여 있어.
악어는 크고 긴 입에 80개나 되는 **날카로운** 이빨이 있는데,
악어의 이빨은 상하거나 빠지면 새로 또 자란대. 정말 신기하지?
그래서 악어는 언제나 튼튼하고 **날카로운** 이빨로 사냥할 수 있는 거야.

아기 악어의 친구 만들기

맞춤법·띄어쓰기

 맞춤법 연습하기

1. 문장의 틀린 부분을 바르게 고쳐 보세요.

날카루운 이빨과 강한 턱은 악어의 자랑이야.

⇨ _____

> 헷갈릴 때는 앞에 나온 수수께끼 질문과 정답 페이지를 살펴보세요. 힌트가 있어요!

 맞춤법 퀴즈

2. 다음 중 맞춤법이 올바른 문장을 골라 보세요.

① 악어의 몸은 딱딱한 비늘로 덥혀 있어요.
② 악어의 몸은 딱딱한 비늘로 덮여 있어요.
③ 악어의 몸은 딱딱한 비늘로 덮혀 있어요.

 띄어쓰기 퀴즈

3. 다음 중 띄어쓰기가 바르게 된 문장을 골라 보세요.

① 악어는 날카로운 이빨로 사냥할 수 있어.
② 악어는 날카로운 이빨로 사냥할수 있어.

정답 날카로운 / ② / ①

따라 쓰기

날카로운 이빨로 사냥해.

[뜻] 날카롭다: 어떤 것을 자르거나 찌를 수 있을 만큼 끝부분이 뾰족하다.

1. 낱말의 뜻을 생각하며 문장을 바르게 따라 써 보세요.

| 날 | 카 | 로 | 운 | | 이 | 빨 | 로 | | 사 | 냥 | 해 |.

2. 띄어쓰기 표시를 하며 따라 써 보세요.

| 날 | 카 | 로 | 운 | ∨ | 이 | 빨 | 로 | ∨ | 사 | 냥 | 해 |.

3. 문장을 작게 따라 써 보세요.

4. 문장을 더 작게 따라 써 보세요.

나만의 문장 쓰기

1. 어울리는 낱말을 찾아 ○ 표 하고, 문장을 소리 내어 읽어 보세요.

① 선인장의 가시는 날카롭다 / 둥글다 .

② 형이 날카로운 / 부드러운 눈빛으로 나를 째려봤다.

2. 빈칸에 들어갈 말을 보기에서 찾아 써넣으세요.

> 망치   옷   가위   발톱   바늘   가시

① 우리 집 고양이는 날카로운 _____ 을 가지고 있어요.

② 고슴도치의 _____ 는 날카로워서 만질 때 조심해야 해요.

③ _____ 는 종이를 잘 자를 수 있게 날카롭게 만들어졌어요.

3. '날카롭다'를 넣어 나만의 문장을 만들어 보세요.

⇨ _____

보너스 수수께끼

못은 못인데 박을 수 없는 못은?

정답: 날카롭다. / 발톱, 가시, 가위 / (연)못

나는 뾰족한 이빨로 뭉툭한 것을 사각사각 갉아 먹는 것을 좋아해.

너의 필통 안이나 책상 위에서 자주 볼 수 있어.

나는 네가 공부할 때 꼭 필요한 물건이야.

내가 고장 나면 굉장히 불편할걸?

나는 누굴까?

정답

연필깎이

연필깎이는 연필을 뾰족하게 **깎아** 주는 도구야.

연필심이 뭉툭해져서 잘 써지지 않을 때

연필깎이로 **깎으면** 다시 잘 쓸 수 있지.

연필깎이 안에는 날카로운 칼날이 있어서 절대 손으로 만지면 안 돼.

편리한 학용품이지만 항상 조심해서 사용해야 해.

연필깎아 미용실

맞춤법 · 띄어쓰기

 맞춤법 연습하기

1. 문장의 틀린 부분을 바르게 고쳐 보세요.

> 헷갈릴 때는 앞에 나온 수수께끼 질문과 정답 페이지를 살펴보세요. 힌트가 있어요!

뭉툭한 연필은 깍아서 사용하세요.

⇨ _____

 맞춤법 퀴즈

2. 다음 중 맞춤법이 올바른 문장을 골라 보세요.

① 연필심이 멍툭해져서 잘 써지지 않을 때는 연필깎이를 사용해 봐.
② 연필심이 뭉툭해져서 잘 써지지 않을 때는 연필깎이를 사용해 봐.
③ 연필심이 몽툭해져서 잘 써지지 않을 때는 연필깎이를 사용해 봐.

 띄어쓰기 퀴즈

3. 다음 중 띄어쓰기가 바르게 된 문장을 골라 보세요.

① 연필깎이 안 에는 날카로운 칼이 있어.
② 연필깎이 안에는 날카로운 칼이 있어.

 정답 깎아서 / ② / ②

또박또박 따라 쓰기

연필을 뾰족하게 깎아.

[뜻] 깎다: 겉 부분을 베거나 벗겨 내서 모양을 만들다.

1. 낱말의 뜻을 생각하며 문장을 바르게 따라 써 보세요.

| 연 | 필 | 을 | | 뾰 | 족 | 하 | 게 | | 깎 | 아 | . |

2. 띄어쓰기 표시를 하며 따라 써 보세요.

| 연 | 필 | 을 | ∨ | 뾰 | 족 | 하 | 게 | ∨ | 깎 | 아 | . |

3. 문장을 작게 따라 써 보세요.

4. 문장을 더 작게 따라 써 보세요.

나만의 문장 쓰기

1. 어울리는 낱말을 찾아 ○ 표 하고, 문장을 소리 내어 읽어 보세요.

① 사과는 껍질을 [잘라서 / 깎아서] 먹으면 더 맛있어요.

② 아빠는 매일 아침 수염을 [깎는다 / 꺾는다] .

2. 빈칸에 들어갈 말을 보기에서 찾아 써넣으세요.

> 껍질   농담   가격   손톱   돌   점수

① 청결을 위해 _____ 을 자주 깎으세요.

② 감자 _____ 을 깎다가 손을 베었다.

③ 조각가는 _____ 을 깎아 멋진 작품을 만들었다.

3. '깎다'를 넣어 나만의 문장을 만들어 보세요.

_____

보너스 수수께끼

칼은 칼인데, 아무것도 벨 수 없는 칼은?

정답: 깎아서, 깎는다 / 손톱, 껍질, 돌 / (보너스) 연필깎이

20 수수께끼

정답

시계는 시각을 알려 주는 똑똑한 도구야.

시간을 알려 주는 시침, 분을 알려 주는 분침, 초를 알려 주는 초침이 있어.

시침이 가장 **짧은** 바늘이고, 초침이 가장 긴 바늘이야.

이 세 개의 바늘이 함께 움직이면서

지금이 몇 시, 몇 분, 몇 초인지를 우리에게 알려 줘.

시계는 우리 생활에 꼭 필요한 도구야.

시계를 보면 약속도 잘 지키고, 하루도 알차게 보낼 수 있어!

시계의 복수

맞춤법 · 띄어쓰기

 맞춤법 연습하기

1. 문장의 틀린 부분을 바르게 고쳐 보세요.

시계의 짤은바늘은 몇 시인지를 알려 줘요.

⇨ _____

> 헷갈릴 때는 앞에 나온 수수께끼 질문과 정답 페이지를 살펴보세요. 힌트가 있어요!

 맞춤법 퀴즈

2. 다음 중 맞춤법이 올바른 문장을 골라 보세요.

① 내가 없으면 네가 좋아하는 만화를 노칠 수도 있어.
② 내가 없으면 네가 좋아하는 만화를 놏칠 수도 있어.
③ 내가 없으면 네가 좋아하는 만화를 놓칠 수도 있어.

 띄어쓰기 퀴즈

3. 다음 중 띄어쓰기가 바르게 된 문장을 골라 보세요.

① 사람들은 하루에 몇 번씩 고개를 들어 시계를 봐.
② 사람들은 하루에 몇번 씩 고개를 들어 시계를 봐.

정답 짧은바늘 / ③ / ①

또박또박 따라 쓰기

시침은 가장 짧은 바늘이에요.

[뜻] 짧다: 길이가 길지 않다.

1. 낱말의 뜻을 생각하며 문장을 바르게 따라 써 보세요.

시	침	은		가	장		짧	은		바	늘
이	에	요	.								

2. 띄어쓰기 표시를 하며 따라 써 보세요.

시	침	은	∨	가	장	∨	짧	은	∨	바	늘
이	에	요	.								

나만의 문장 쓰기

1. 어울리는 낱말을 찾아 ○ 표 하고, 문장을 소리 내어 읽어 보세요.

① 짧은 / 긴 바지를 입으니 시원해요.

② 미용실에서 머리를 짧게 / 작게 잘랐다.

2. 빈칸에 들어갈 말을 보기에서 찾아 써넣으세요.

> 방학   바람   컵   시간   트럭   꼬리

① 토끼는 귀가 길고, _____가 짧다.

② 이번 여름 _____은 너무 짧아서 아쉽다.

③ 나는 짧은 _____에 그림을 완성했다.

3. '짧다'를 넣어 나만의 문장을 만들어 보세요.

 보너스 수수께끼

까만 침이 두 개 있으면?

정답: 짧은, 짧게 / 꼬리, 방학, 시간 / (보너스) 아구침침

지식이 쏙쏙! 어휘력과 쓰기 힘을 길러 주는
똑똑한 수수께끼 또박또박 따라 쓰기

초판 1쇄 발행 2025년 8월 4일

지은이 김미주
그린이 김정진

펴낸이 윤상열
기획편집 서영옥 최은영 **디자인** DESIGNPARK **마케팅** 윤선미 **경영관리** 김미홍
펴낸곳 도서출판 그린북 **주소** 서울시 마포구 방울내로11길 23 두영빌딩 3층
전화 02-323-8030~1 **팩스** 02-323-8797
이메일 gbook01@naver.com **블로그** blog.naver.com/gbook01

ⓒ 김미주 김정진 2025
이 책의 출판권은 도서출판 그린북에 있습니다.
저작권법에 의해 한국 내에서 보호받는 저작물이므로 무단 전재와 무단 복제를 금합니다.

ISBN 978-89-5588-501-9 73700

* 도서출판 그린북은 미래의 나와 즐거운 세상을 만들어 가는 콘텐츠를 만듭니다.
* 도서출판 그린북은 독자 여러분의 소중한 의견과 원고를 기다립니다.
* 잘못 만들어진 책은 구입하신 곳에서 바꾸어 드립니다.

KC마크는 이 제품이 공통안전기준에 적합하였음을 의미합니다.
제조국: 대한민국   사용 연령: 6세 이상
책장에 손이 베이지 않게, 모서리에 다치지 않게 주의하세요.